FASZINIERENDES

PARIS

BILDER UND TEXTE VON

HARTMUT KRINITZ

FLECHSIG

Erste Seite:
Zur Weltausstellung 1900 wurde die erste Metrolinie in Betrieb genommen. Heute verlaufen mehr als 200 Kilometer Schienen unter und manchmal auch über dem Pflaster der Hauptstadt. Die „Pforten" in die Unterwelt sind im Straßenbild nicht zu übersehen, auch wenn die alten Jugendstileingänge nicht mehr die Mehrzahl stellen.

Vorherige Doppelseite:
Sie sind der Inbegriff des Boulevards: die Champs-Elysées. Die knapp zwei Kilometer lange und 70 Meter breite Prachtstraße bildet das Kernstück der historischen Achse vom Louvre über den Arc de Triomphe und in der Verlängerung bis hinaus in die Vorstädte zur Grande Arche de La Défense.

Rechts:
Die Pont des Arts trägt ihren Namen zu Recht. Regelmäßig geben sich (Hobby-)Künstler ein Stelldichein, der Blick geht über die träge fließende Seine zur Pont Neuf mit der Ile de la Cité oder zum Louvre und wie von selbst setzt sich der Pinsel in Bewegung.

Seite 10/11:
Zwischen der Place de la Concorde und dem gewaltigen Komplex des Louvre erstreckt sich eine grüne, gut frequentierte Oase. Der Jardin des Tuileries ist ein Werk des Versailles-Gartenbaumeisters André Le Nôtre. Einst ritt hier Katharina von Medici aus. Während der Revolution wurde der Park zerstört und unter François Mitterand schließlich originalgetreu restauriert.

8

INHALT

PARIS –
DIE STADT DER
HUNDERT DÖRFER

Riton La Manivelle kurbelte und kurbelte. „Padam, Padam, Padam ...“ Das Vieux Belleville begann sich zu füllen. Riton hatte als Schauspieler gearbeitet. Das Stereotyp des Franzosen: Schildkappe, Schnauzer, der ewig trübe Pastis. Dann hatte er einen Leierkasten erworben und zog damit seither durch die Quartiers des 19. und 20. Arrondissements. Er wechselte die Noten. „Je ne regrette rien“. Ein paar Schritte weiter, am Geländer zum Parc Belleville lehnten lässig ein paar Jugendliche. Über den tiefergelegenen Teilen der Stadt hing ein fasriger Smog, aus dem geometrische Symbole leuchteten: Rechtecke, Halbkreise, ein gestrecktes Dreieck.

Im Vieux Belleville wurde der erste Gang aufgetragen. Es schien, als müssten jeden Moment Sartre und Camus erscheinen und Robert Doisneau mit seiner Kamera. Die Tür stand offen, es war schwül, alle schwitzten. Der Hauptgang schwamm in Olivenöl und das Vieux Belleville, wie eine Arche der Glückseligen, schwamm in Ewigkeit. Riton La Manivelle war weitergezogen. Aus der Ferne kamen Akkorde aus „Les amants de St. Jean“.

Paris, diese geheimnisvolle Melange aus Metropole und Mikrokosmos, trieb in die Nacht. Schweißgebadet, pulsierend, melancholisch, lärmend und elegisch. Es war offensichtlich: es gab nicht das eine Paris, es gab hunderte. Sie wuchsen wie eine Schnecke im Uhrzeigersinn aus dem Zentrum der Stadt, belegt mit Zahlen von 1 bis 20, die Arrondissements. Doch diese Stadtteile zerfielen weiter, teilten sich wie gesprungenes Sicherheitsglas in Quartiers, in die Dörfer von Paris. Dort lebten die Menschen, dort handelten, feilschten und musizierten sie. Dort warteten sie unter vier Meter hohen Stuckdecken auf einen Tod, der längst eingezogen war. Sie beteten nach Mekka, zum gestanzten Himmel zwischen den Häusern oder gar nicht. Die Haut, die sie umspannte, war bleich, gelb und alle Spielarten von braun. Sie liebten ihr Quartier oder sie hassten es. Gleichgültig waren die wenigsten. Gleichgültigkeit hat Paris nie zugelassen.

Mehr als eine schöne Kulisse

Es gibt Momente, da möchte man gegen den Pfeiler klopfen um zu hören, ob er wahr ist, aus Stein. Seit die Bilder laufen lernten diente Paris als Kulisse, zu schön, um echt zu sein, zu patiniert für die Wirklichkeit des 20. und 21. Jahrhunderts. Alle haben sie hier gedreht: Marcel Carné und

Jean-Luc Godard, Rivette, Truffaut, Rohmer und Tavernier. Jean-Paul Belmondo und Jean Seberg schlenderten zum Kamerasurren über die Champs-Elysées, Catherine Deneuve und Gérard Dépardieu durchlebten in „Die letzte Metro" die Zeit der deutschen Besatzung und ein buckliger Anthony Quinn bevölkerte Notre-Dame als steingewordenes Refugium aus Abgründen und sonnennahen Höhen. Vielleicht hat Victor Hugo die Stadt mit der größten, der weitesten Geste ausgelotet. Mit Quasimodo, dem Glöckner, treibt er das eingestrichene F der großen Glocke in den Himmel und mit den „Elenden" steigt er in die Unterwelt. Balzac und Zola fanden in Paris eine Bühne für Romane, Erzählungen und Novellen, Georg Orwell, Ernest Hemingway und Henry Miller kamen, sahen und schrieben.

Das klingt wie ein Nachruf, wie zwischen Buchdeckeln und auf Zelluloid gefangene Vergangenheit. Doch sie sind da, bis heute, die Literaten, Filmemacher, Schauspieler und die Dramatiker des täglichen Lebens. Manche sitzen noch immer im Chartier in der Rue Montmartre, um die Ecke von Aragons „Menschenaquarien", den Passagen, bestellen in der letzten Pariser Volksküche einen Apfel als Vorspeise, schließen mit einem kleinen Schwarzen, zählen die Cent, die noch immer Centimes heißen auf die papierne Tischdecke auf welcher der Ober mit dem Kuli gerechnet hat und warten auf den Tag der Entdeckung. Fabien hingegen singt, schmettert und springt auf den Tresen, toujour chanson. Die liedgewordene Poesie lebt, lebt als verhuschte Inszenierung für den Bandwurm der Tagesbesucher am Montmartre, lebt aber auch in dampfenden Kellern und in Bars im Pariser Osten. Dort hat Fabien die Bühne. Wenn er den Titel seiner Stücke ruft, sind die Namen dahinter Enzyklopädie: Brassens, Brel, Ferré, Juliette Gréco, Montand und natürlich Gainsbourg. In der Pause und am Ende, tief in der Nacht, kreist der chapeau. Draußen, in den Pfützen an der Rue des Pyrenées, spiegeln sich die mäandernden Neonröhren der Bars. Noch klammern sich ein paar einsame Gestalten an die Reling des Tresens und träumen vom Leben nach dem Blues. Dann schläft Paris einen kurzen Schönheitsschlaf, denn schon in der Dämmerung kommt die Stadtreinigung, flutet Straßen und Rinnsteine, spült die Kippen der Nacht in die Egouts, in die Därme der Stadt und putzt die Bühne für einen weiteren Akt.

Die ersten Siedler

Seit mehr als 2200 Jahren hebt sich der Vorhang auf und um zwei Inseln in der Seine. Auf dem größeren der beiden Eilande siedelte um 200 v. Chr. ein keltischer Stamm, den die Römer Parisii nannten. Nach der Eroberung durch die Römer hieß die Siedlung Lutetia, stand in der Bedeutung aber deutlich hinter Lyon und Arles zurück. 355 avancierte sie für kurze Zeit zur Hauptstadt des in Auflösung begriffenen Römischen Reiches. Man hieß sie Parisia. Chlodwig, der erste christliche König der Franken, ernannte Paris zur Hauptstadt seiner Ländereien. Später kamen die Normannen, plünderten und brandschatzten, aber Paris erholte sich und im 12. Jahrhundert dominierte, vor allem am rechten Ufer der Seine, der Handel. 1163 begann man mit dem Bau von Notre-Dame, der 1340 fertiggestellt wurde.

Besonders abends, wenn ganz Paris im Glanz der Lichter erstrahlt, lohnt sich ein Besuch der Dachterrasse in der 59. Etage des Tour Montparnasse – beeindruckende Aussichten sind garantiert. Mit seinen 209 Metern Höhe ermöglicht der Turm den Blick in die Ferne, bis weit in die westlichen Vorstädte. Eiffelturm, Invalidendom und Arc de Triomphe setzen unübersehbare Akzente.

Währenddessen setzte sich Paris nach und nach als Hauptstadt Frankreichs durch. Vier Fünftel der 70 000 Einwohner lebten damals am rechten Seineufer. Ab 1210 entstand am linken Ufer die Universität. 1360 war die Einwohnerzahl bereits auf 200 000 angewachsen.

Stürmische Zeiten

Zwischen 1420 und 1436 fiel Paris in die Hände der Engländer und Jeanne d'Arc kämpfte erfolglos um die Freiheit. Im 16. Jahrhundert fanden mehrere bedeutende Ereignisse Einzug in die Annalen: Ignatius von Loyola gründete am Montmartre den Jesuitenorden, der Bau des heutigen Louvre lief an und im Blutrausch der Bartholomäusnacht starben Tausende von Protestanten. 1682 zog es den Sonnenkönig Louis XIV. mit seinem Hofstaat nach Versailles, von wo aus er die Regierungsgeschäfte führte. Am 14. Juli 1789 begann die französische Revolution mit dem Sturm auf die Bastille, die Louis XVI. schließlich auf der Place de la Concorde den Kopf kosten sollte. In der Folge stand die Guillotine nicht still. Mehr als 2700 „Konterrevolutionäre" verloren ihr höchstgelegenes Körperteil. 1804 krönte sich Napoleon in Notre-Dame zum Kaiser, kaum zehn Jahre später schickten ihn die Alliierten ins Exil.

Bald darauf wütete die Cholera und forderte 19 000 Leben. Während des Zweiten Kaiserreichs, 1852 bis 1870, gestaltete der Präfekt Haussmann das moderne Gesicht von Paris. Boulevards wurden durch die Stadt gegraben, Plätze angelegt, ganze Viertel zertrümmert. Belleville, Montmartre, Bercy und weitere acht Dörfer gemeindete man kurzerhand

ein. In 20 Arrondissements lebten damals etwa 1,8 Millionen Menschen. 1871 erhob sich die „Pariser Kommune". In der Folge metzelten die Regierungstruppen 20 000 Arbeiter nieder. Die sich anschließende Republik zählte in 60 Jahren stolze 95 Regierungen. Zur Hundert-Jahr-Feier der Französischen Revolution rief Paris zum dritten Mal zur Weltausstellung. Die Besucher strömten und erblickten Erstaunliches: der Zugang zum Gelände erfolgte durch die Beine eines gewaltigen Metallturms. La Tour Eiffel sollte nach dem Ereignis verschrottet werden. Er überlebte und avancierte zum Wahrzeichen.

Doch Paris wuchs auch nach unten. 1900 wurde die erste Metrolinie eingeweiht. Dann ballten sich düstere Wolken: die Weltkriege überzogen die Stadt. 1944 marschierte General de Gaulle mit seinen Truppen ein und befreite Paris. Auf de Gaulle folgte nach den Mai-Unruhen Georges Pompidou, dann Giscard d'Estaing, schließlich François Mitterand. In seiner Regierungszeit von 1981 bis 1995 wandelte er auf den Spuren des Präfekten Haussmann und veränderte das Gesicht der Stadt. Architektonische Landmarken wie die Louvre-Pyramide, La Villette, die Opéra Bastille und die Grande Arche in La Défense entstanden. Nicht wenige davon schieden die Geister.

Doch nicht nur das scheinbar immobile Antlitz der Stadt wandelte sich, sondern auch das der Bewohner. Zogen früher die Franzosen aus der Provinz in die zentralistische Hauptstadt, sind es heute die Bewohner der ehemaligen Kolonien und die der überseeischen Territorien. Kamen einst die Südfranzosen am Gare de Lyon an und die Bretonen in

Montparnasse, um sich in der Umgebung des Ankunftsbahnhofs auch gleich niederzulassen, sind es heute Schwarzafrikaner, die in Barbés und der Goutte d'Or siedeln und die Exilanten aus Vietnam und Kambodscha, die im 13. Arrondissement eine neue Heimat gefunden haben.

Im Herzen der Stadt

Im Zentrum des großen Kleckses auf der französischen Landkarte, den viele pauschal Paris nennen, durchmischen sich die Bewohner aller Couleur. Und nur in diesem Nukleus, im Inneren der alten Stadtmauer von 1845, intra muros, stimmt dieser magische Name: Paris. Extra muros, außerhalb der ehemaligen Stadtmauern, gleich einer Aura um die Stätte der Sehnsucht, beginnt nahtlos die Banlieue, beginnen die Schlafsiedlungen, die ghettoisierten Stapelbehältnisse der Zuwanderer. Dort liegen aber auch die Wälder von Vincennes und Boulogne und an den Ufern der Marne ruft an lauen Sommerabenden die Musette. Was intra muros gilt, das Patchwork, setzt sich drumherum nahtlos fort. Auf der Paris umschließenden Schnellstraße, dem Boulevard périphérique, wälzen sich pro Tag weit über eine Million Gefährte, oft genug im Stop-and-go, als umkreisen sie das heilige Land.

Vor den Pforten, in La Défense, steht das Disneyland der Architekten um den großen Bogen des Dänen Otto von Spreckelsen und einen Steinwurf gen Westen, in Nanterre, dräuen die „weinenden Türme". „Blinde Siedlungen", wie François Maspero das seelenlose Niemandsland der Zugeströmten genannt hat.

Doch Intra Muros bleibt Paris die ewige Lichterstadt. Die bateaux mouche ziehen auf der Seine ihre Bahn und beleuchten mit gewaltigen Scheinwerferbatterien was selbst schon strahlt: die Conciergerie, den Louvre, das Musée d'Orsay, Notre-Dame und all die gespannten Klammern, welche die Inseln ans Festland binden, allen voran die älteste, die Pont Neuf.

Doch neben diesem Who-is-who urbaner Architektur bleibt auch die Würde im Kleinen. Draußen vor den Mauern liegen die Einkaufszentren, drinnen dominiert der gefühlte Plüsch der alten Kaufhäuser und des Einzelhandels. Galeries Lafayette, Samaritaine, Bon Marché – Konsumtempel, die aufgestiegen sind zu Sehenswürdigkeiten jenseits des nackten Kommerzes. Dazu gesellt sich gelebte Nostalgie: Läden, winzig, versteckt, Miniaturen zwischen gestern und heute. Drei Beispiele nur: bei Segas, in der Passage Jouffroy, stehen Hunderte antiker Spazierstöcke zum Verkauf, die Boîte a Musique am Palais Royal bietet Spieluhren in allen Größen feil – natürlich erklingt hier ganz oft „Für Elise" – und in der Rue François-Miron demonstriert die Epicerie du Monde Izrael das Wunder der Raumausnutzung und bereitet ein opulentes Fest für Augen und Nase mit Gewürzen und Spezereien aus aller Welt.

Dazu die Märkte: in der Rue Mouffetard, auf dem Boulevard Belleville, auf der Place d'Alligre ... – Dutzende überziehen die Stadt, blühen für einen Morgen und hinterlassen ein olfaktorisches Sammelsurium aus totem Fisch und mürber Ananas. Man muss laufen, mäandern, schieben und sich treiben lassen um sie zu erkunden. Keiner gleicht dem

anderen, was weniger an den Äpfeln liegt, sondern eher an den Gesichtern und Charakteren.

Schließlich die Parks: von verspielt bis modern, von weitläufig bis heimelig findet jeder seine grüne Oase. In der Anlage um das Hôtel Biron mischt sich Busch und Baum mit den Skulpturen des Auguste Rodin, im zentralen Jardin du Luxembourg treffen Flanierende auf Basketball-, Tennis- und Boulespieler und zudem auf fleißige Imker, die sich um die Hauptstadt-Bienenkörbe sorgen. Wer es versteckt mag, erklimmt das Dach des Gare Montparnasse, staunt und reiht sich unter die snackenden Angestellten aus den umliegenden Büros und im edlen 8. Arrondissement, im entsprechend vornehmen Parc Monceau gilt die metaphysische Aufmerksamkeit dem großen „Suchenden nach der verlorenen Zeit", Marcel Proust.

Anfang Oktober geschieht Erstaunliches um einen grünen Flecken am Hügel von Paris: man ruft zum Weinfest. Auf halber Höhe zwischen den erstarrten Windmühlenflügeln der Moulin Rouge und dem Zuckerguss von Sacré-Cœur, durch einen eindrucksvollen Zaun vor neugierigen Zugriffen gesichert, liegt ein Rebberg. Ein Umzug zieht sich die engen Gassen hinauf, die Teilnehmer von jung bis alt sind kostümiert, nur die Damen aus dem Moulin Rouge erscheinen in ihrer Arbeitskleidung und wedeln routiniert unzüchtig mit dem Rocksaum. Nahe der Place du Tertre wird der Wein verkauft, kein Schnäppchen zwar, wohl auch kein Hochgenuss, mehr ein folkloristisches Relikt, eine ferne Erinnerung aus den Zeiten, als Montmartre noch ein Dorf war und die Flügel der Windmühlen sich noch drehten.

Quirliges Leben in verwinkelten Gassen

Wer das Paris unserer Tage sucht, das Leben, die Quartiers, die kulturelle Vielfalt, sollte es mit dem Osten versuchen. Mit der Rue Ménilmontant, mit der menschlichen Melange im 19. und 20. Arrondissement. Sollte durch die verwinkelten Gassen stromern, die Nase in Hinterhöfe stecken und bei Chez Marie senegalesische Küche testen – oder an einem schwülen Sommerabend vorbeischauen im Vieux Belleville. Vielleicht taucht Riton auf mit seinem Leierkasten oder Fabien mit seinem Bündel aus Chansons. Von dort sind es wenige hundert Meter zur Rue Belleville, zur Nummer 72. Hier wurde am 19. Dezember 1915 ein Mensch geboren, nicht anständig im Bett, sondern auf den Stufen der Treppe. Ein Mensch, der es mit dem körperlichen Wachstum nicht übertrieb. Ein Mensch, der für Paris steht wie wenige andere und der ein Leben führte, zu prall für diesen winzigen Körper: der Spatz, Edith Piaf. Sie liebte, sie trank, sie sang. Milord. Vorhänge rauschten, auf Bühnen und in Hospitälern. Der Komet im kleinen Schwarzen glühte an beiden Enden. Mit 48 starb sie, gerade ein Jahr verheiratet mit ihrem zweiten, 21 Jahre jüngeren Mann Théo. Auf Père-Lachaise liegt sie begraben, Madame Lamboukas, dite Edith Piaf. Doch was zählt der Tod. Ihre Aura, ihr Timbre, ihr Charisma sind geblieben, für immer.

Es ist wie mit Paris: Leben, jetzt und in Ewigkeit.

Rive gauche und die Inseln – von Notre-Dame über Saint-Germain nach La Défense

Die Inseln von Paris könnten unterschiedlicher kaum sein. Auf der Ile Saint-Louis grasten jahrhundertelang die Kühe. Heute ist sie in weiten Teilen ein ruhiges Wohnviertel. Auf der Ile de la Cité, vor Notre-Dame, dominiert die menschliche Nähe und am Sonntag singen auf dem Vogelmarkt tausende Federträger das Lied von der Freiheit.

Robert de Sorbonne gründete 1253 am linken Ufer der Seine ein Kolleg, die Keimzelle der Pariser Universität. Ende des 13. Jahrhunderts zählte sie bereits 10 000 Studenten und bis heute prägen sie das Bild im Quartier Latin.

Nebenan, in Saint-Germain-des-Prés, einem alten Dorf, welches das wuchernde Paris sich einverleibte, wohnt der Literaturbetrieb. Verlage reihen sich aneinander und nebenan, im Café de Flore und im Deux Magots saßen sie: Simone de Beauvoir, Jean-Paul Sartre, Albert Camus und ihre Weggefährten und träumten einen existenzialistischen Traum.

Ein Stück weiter die Seine hinunter, vorbei am Invalidendom, steht ein Ingenieurstraum mit 2,5 Millionen Nieten. Nachts schwebt er über dem Marsfeld, leicht, als wäre er aus Licht und nicht aus Stahl: La Tour Eiffel. Wer sich mit dem Fluss treiben lässt, einen weiten Bogen lang, erreicht das Finale der historischen Achse, blickt auf La Défense mit der Grande Arche und auf ein Geschmeide aus Glastürmen, in denen sich der Himmel spiegelt. Doch nicht dort sondern ganz im Osten endet die Reise in die Moderne. Im 13. Arrondissement ragen vier Hochhäuser auf, symbolisch wie aufgeschlagene Bücher. Man kann, man darf, im Rücken die sanft fließende Seine, mit gemischten Gefühlen zur neuen Nationalbibliothek hinüberschauen. Doch der gewaltige Komplex stellt nur eine weitere Landmarke auf der langen Pariser Reise zwischen gestern und morgen.

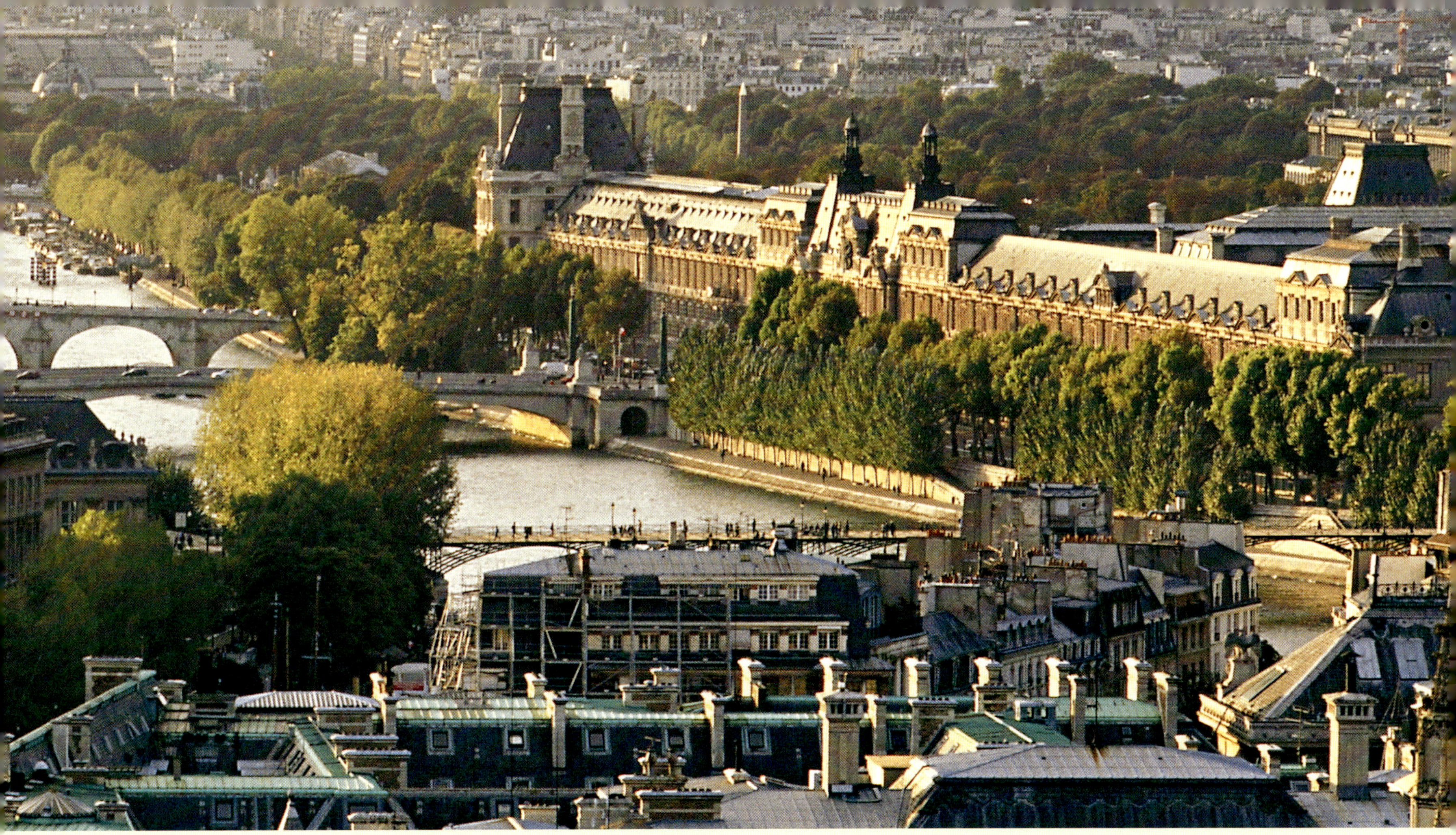

Oben:
Innerhalb der alten Stadtmauern von 1845 liegt die Stadt Paris an den Ufern der Seine.

Links:
Jung trifft auf alt: vor Notre-Dame interessieren sich zwei Besucher weniger für gotische Details und einen theatralischen Himmel, als für die zahllosen Spatzen, die sich für ein paar Krümel Brot zu erstaunlicher Vertraulichkeit hinreißen lassen.

Seite 22/23:
Ein Bateau Mouche zieht, überragt von den beiden Türmen der Kathedrale Notre-Dame de Paris, auf der Südseite der Ile de la Cité seine Bahn.

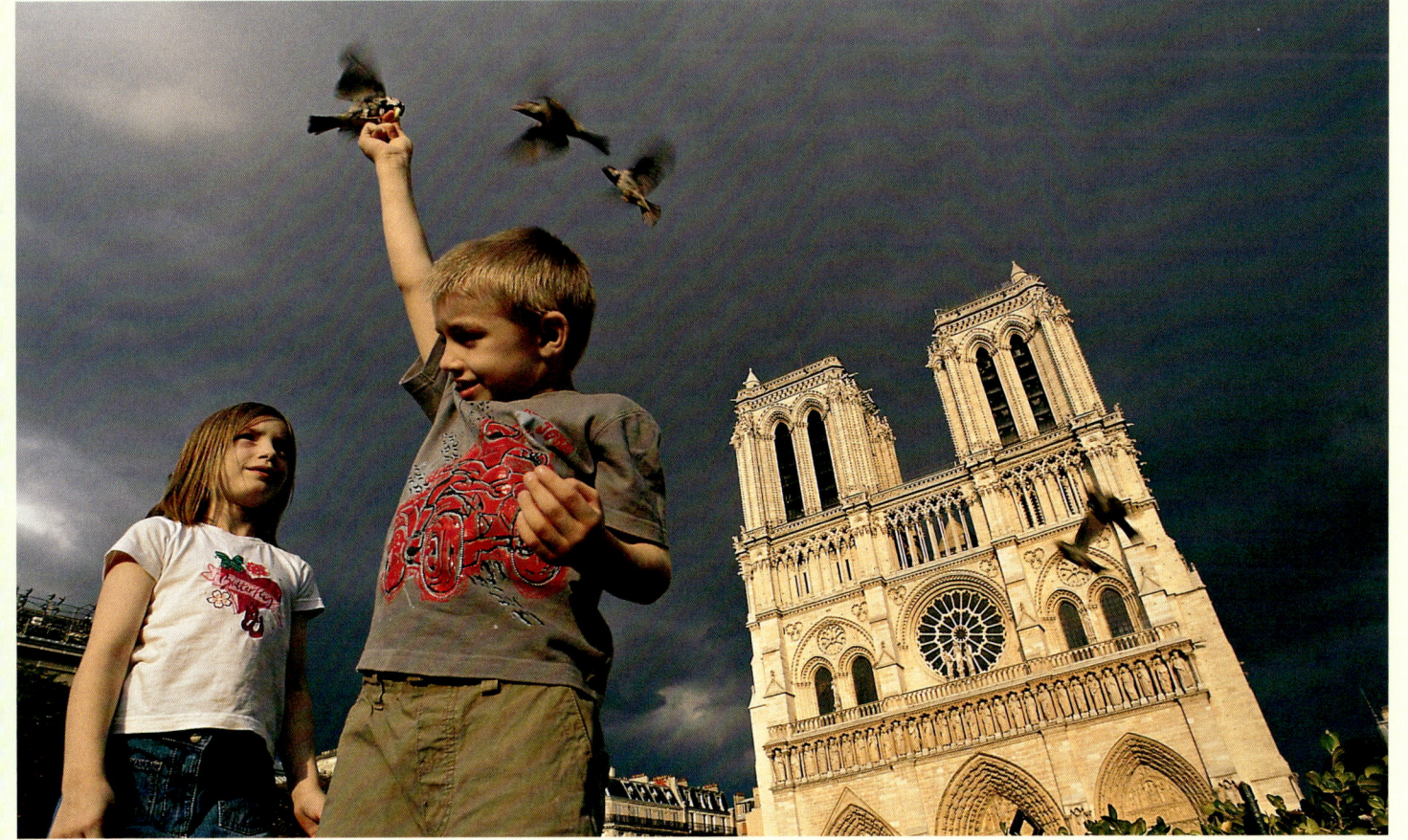

Von der „Galerie des Chimères" auf den Türmen von Notre-Dame beobachten geheimnisvolle Gestalten das Treiben auf den Plätzen und Straßen der Hauptstadt. Diese Drolerien stammen aus dem 19. Jahrhundert. Die originalen Wasserspeier wurden im 18. Jahrhundert entfernt, weil einige, von der Witterung stark mitgenommen, unangekündigt den Weg auf das 60 Meter tiefere Pflaster antraten.

Es ist die Welt des buckligen Quasimodo, die Türme, Säulen, Vorsprünge und Gorgonen von Notre-Dame. Hier hangelte er über dem Abgrund, nahm Rabennester aus und läutete „Marie", die große Glocke. Victor Hugo hat ihn mit seinem 1831 erschienenen Roman „Der Glöckner von Notre-Dame" so unsterblich gemacht wie die Kathedrale selbst.

Napoleon hat sich hier selbst zum Kaiser gekrönt, was bei seinem Hang zur Größe durchaus stimmig scheint. Das Kirchenschiff von Notre-Dame misst eine Höhe von bis zu 35 Metern bei einer Länge von 130 Metern und bietet 10 000 Menschen Platz.

In der Mitte des 13. Jahrhunderts wurde die Sainte-Chapelle auf der Ile de la Cité im gotischen Stil errichtet, um Passionsreliquien wie die Dornenkrone Christi aufzunehmen. Die Revolution überstand sie nur schwer beschädigt, entkam knapp dem Abriss und wurde in der Mitte des 19. Jahrhunderts schließlich farbenprächtig renoviert. Wer die Kapelle besichtigen will, muss eine gründliche Kontrolle über sich ergehen lassen, denn sie befindet sich in unseren Tagen auf dem Gelände des Justizpalastes.

Seite 26/27:
Morgens um sechs Uhr
herrscht noch Frieden im
Zentrum von Paris. Selbst
die Seine scheint über
Nacht zur Ruhe gekommen
zu sein. Ein paar Straßen-
feger drehen ihre Runde
und da und dort hängt ein
feiner Faden von Kaffee
in der Morgenluft. Doch
schon bald wird sich auf
der Ile de la Cité der
Vorhang heben und die
Menschen werden zu
strömen beginnen.

Die Westspitze der Ile de
la Cité, der Square du
Vert-Galant, teilt wie ein
Schiffsbug die Seine.
Unter den Weiden ver-
sammelt sich ein buntes
Völkchen.

Am Quai Montebello
liegt ein schwimmendes
Restaurant, das dem Gast
die Wahl lässt zwischen
dem Anblick auf seinem
Teller und dem der Ile de
la Cité mit Notre-Dame
auf der anderen Seite der
Seine.

Jeden Sonntagmorgen findet auf der Ile de la Cité der berühmte Vogelmarkt statt. Da singen und piepen Tausende von Vögeln, die meisten aber leider hinter Gittern.

Das Hôtel-Dieu, die „Herberge Gottes", wurde 651 vom Pariser Bischof Landry als Herberge in unmittelbarer Nähe zur Kathedrale Notre-Dame gegründet und blieb bis zur Renaissance das einzige Hospital der Stadt. Im Rahmen des Stadtumbaus in der Ära Haussmann riss man das ursprüngliche Gebäude ab und ersetzte es durch das weitaus größere heutige Hôtel-Dieu.

Die Inseln von Paris
wirken wie ungleiche
Schwestern. Bis heute
mutet die kleinere Ile
Saint-Louis im Vorder-
grund wie ein Dorf mit
einem eigenen Rhythmus
an. Auf der dahinterliegen-
den Ile de la Cité befindet
sich die Keimzelle von
Paris. Dort entstand
bereits die römische
Civitas, die bis heute im
Wort „Cité" wie auch im
englischen „City" erhalten
blieb.

1614 verband man die Ile
aux Vaches, die Kuhinsel,
mit der Ile Notre-Dame
zur Ile Saint-Louis. Eine
einzige Straße teilt heute
die Insel der Länge nach,
flankiert von kleinen
Geschäften, Cafés,
Restaurants und einem
Immobilienmakler, der
die Angebote in seinen
Schaufenstern nach
„Inseln" und „Kontinent"
unterteilt hat.

Nicht nur Maler, sondern auch die Musikanten finden sich alltäglich auf der Pont des Arts ein. An diesem Abend sorgt statt der verbreiteten Akkordeon- und Gitarrenklänge ein Dudelsackspieler im Kilt für eine leichte geographische Verwirrung der vorbeiziehenden Flaneure.

Manche verkaufen Trödel, andere Poster und einige tatsächlich antiquarische Bücher: die Stände der Bouquinisten flankieren die Ufer der Seine auf viele Hundert Meter. Sie gehören zu Paris wie die Ile de la Cité mit dem Justizpalast im Hintergrund.

Seite 32/33:
In einem einzigen, 40 Meter breiten Bogen überspannt die Pont Alexandre III die Seine zwischen Grand Palais und Invalidendom. Sie wurde zwischen 1896 und 1900 gebaut und nach Zar Alexander III. benannt, um das russisch-französische Bündnis zu zelebrieren. Im Invalidendom am jenseitigen Ufer hat Napoleon seine letzte Ruhe gefunden.

31

Linke Seite:
Über die Ecole Militaire und den Champ de Mars geht der Blick jenseits des Eiffelturms bis zum Trocadero und weiter in die Vorstädte mit der Grande Arche des dänischen Architekten Otto von Spreckelsen. Wie selbstverständlich reihen sich Gebäude aus den unterschiedlichsten Epochen auf eine Linie und fügen sich zum Mythos Paris.

Mehr als 18 000 vorgefertigte Einzelteile, zusammengehalten von zweieinhalb Millionen Nieten, alle fünf Jahre 50 Tonnen Farbe für einen neuen Anstrich, bis heute mehr als 200 Millionen Besucher. – Wenn der Eiffelturm in der blauen Stunde golden leuchtet, verliert dieses Zahlenwerk jede Bedeutung und 10 000 Tonnen Stahl scheinen über dem Marsfeld zu schweben.

Auch wenn Saint-Germain-des-Prés keinen Besuchermangel kennt, hat es doch viel von seinem alten Charme bewahrt. Antiquariate mischen sich mit Buchhandlungen, Galerien, Cafés und Restaurants und manche Fassade versetzt den Betrachter in eine andere Zeit.

Auch in Saint-Germain lohnt das Stöbern in den kleinen Kopfsteinpflastergassen. In der Cour du Commerce Saint-André wohnte einst ein Klavierbauer namens Tobias Schmidt, der den Prototyp des später als Guillotine bekannt gewordenen Geräts entwickelte und dort an Schafen ausprobierte.

36

Sie bilden ein eingespieltes Team: Bogdan mit seinem Leierkasten nebst Hund Amadeus und Katze als „Besetzer" des Instruments. Und wieder einmal klingt „Les amants des St-Jean" durch die Straßen und Gassen von Saint-Germain.

Bis heute kultiviert Saint-Germain seinen Ruf als das Viertel der Intellektuellen. Im „Deux Magots" und wenige Schritte weiter im Café de Flore gingen sie ein und aus: Simone de Beauvoir, Jean-Paul Sartre, Albert Camus, Boris Vian, Arthur Rimbaud… Die Liste der Literaten, die hier den kleinen Schwarzen tranken und sich am Ofen wärmten ist Legende.

Saint-Germain-des-Prés:
Die älteste Kirche von Paris
und eines der wenigen
erhaltenen romanischen
Bauwerke der gesamten
Stadt gab dem Viertel
seinen Namen. Noch im
Mittelalter lag die damals
ausgesprochen weitläufige
Abtei außerhalb der
Stadtmauer inmitten von
Feldern und Wiesen.

Nahe dem Eingang der
Kirche Saint-Germain-
des-Prés erinnern Gedenk-
tafeln und Kerzen an die
Gefallenen der großen
Kriege.

Zahlreiche Pariser Gebäude wurden aus Kalk erbaut, den man über Jahrhunderte in den Steinbrüchen unter der Stadt gewann. Als Ende des 18. Jahrhunderts die Pariser Friedhöfe überfüllt und zu Seuchenherden verkommen waren, erinnerte man sich an diese alten Gänge und begann die sterblichen Reste dorthin umzulagern. Heute betritt der geneigte Besucher nahe der Metrostation Denfert-Rochereau über eine Wendeltreppe die Katakomben, schreitet durch endlose Gänge und erreicht schließlich einen Durchgang mit einer Inschrift darüber: „Halt, hier beginnt das Reich des Todes". Wer weitergeht erblickt auf einer Ganglänge von mehreren hundert Metern die kunstvoll aufgestapelten und verzierten Gebeine von etwa sechs Millionen Menschen.

Seite 40/41:
Von der Dachterrasse des Tour Montparnasse bietet sich ein guter Blick über die Dächer des gleichnamigen Viertels. Zu Beginn des 20. Jahrhunderts wandelte sich Montparnasse vom Revier der Handwerker zum Wohnort und Treffpunkt zahlreicher Künstler und Literaten. Doch allzuviele Spuren sind aus dieser Zeit nicht geblieben.

Linke Seite:
Ab 1959 entstand am linken Seineufer unweit des Eiffelturms auf einer weitläufigen Plattform, der sogenannten „Dalle", das Viertel Front de Seine, ein Hochhauskomplex. 20 Gebäude erheben sich bis zu einer Höhe von 98 Metern.

Der Ehrentempel der Nation, das Panthéon, ragt weit über die Dächer des Quartier Latin. Von der Grundsteinlegung 1764 vergingen Jahrzehnte, bis der monumentale Sakralbau 1790 fertiggestellt wurde. Viele berühmte Namen haben in diesem gewaltigen Mausoleum die letzte Ruhe gefunden, unter ihnen Victor Hugo, Jean-Jacques Rousseau, Voltaire, Emile Zola und Marie Curie.

Ende des 13. Jahrhunderts gründete der Domherr Robert de Sorbon eine Lehranstalt für mittellose Lehrer und Studenten der Theologie. Bis zur Revolution fungierte sie als Sitz der theologischen Fakultät und erst im 19. Jahrhundert avancierte die Sorbonne zur Schaltstelle der französischen Hochschulen. Die Kapelle zählt zu den wichtigsten Werken französischer Barockarchitektur.

43

Nach dem Ersten Weltkrieg kam die Amerikanerin Sylvia Beach nach Paris und eröffnete dort mutig eine Buchhandlung für englische Literatur. Das Geschäft existierte über 30 Jahre und zwischen den Kriegen fanden sich hier Ezra Pound ein, Ernest Hemingway und F. Scott Fitzgerald. Aber die deutsche Besatzung überlebte der ursprüngliche Laden nicht. Doch auch das heutige „Shakespeare and Company" im Quartier Latin am Quai Montebello lohnt unbedingt einen Besuch.

Das Quartier Latin trägt seinen Namen nach der Sprache, die dort bis weit über das Mittelalter hinaus gesprochen wurde: Latein. Heute läuft alltäglich ein buntes Völkchen aus aller Herren Länder in der Rue de la Huchette auf. Restaurants reihen sich an Cafés, Bars an Bistros. In der Nummer 10 soll zeitweise ein gewisser Napoleon Bonaparte gelebt haben.

Durch die „Mouffe", die Rue Mouffetard, zogen einst schon die Römer. Die enge Straße zählt zu den ältesten der ganzen Stadt. Noch immer hat sie einiges an mittelalterlichem Flair bewahrt, auch wenn die modernen Zeiten sie zunehmend bedrängen. Aber noch gibt es sie: den Wein- und den Gemüsehändler des Vertrauens. An manchen Markttagen schieben sich die Menschen fremdgesteuert durch das mäandernde Gässchen und man tut gut daran auszuscheren und das Geschehen über den Rand eines „Ballon" Weißweins hinweg zu beobachten.

Der Zuschnitt des Bauplatzes war speziell und die symbolische Wirkung groß: als der Architekt Jean Nouvel die Ausschreibung gewonnen hatte, lag eine schwere Aufgabe vor ihm – die er auf beeindruckende Weise löste. Das Institut du Monde Arabe zeigt den Reichtum der arabischen Welt in einer modernen Interpretation und fungiert als Bindeglied zwischen den Kulturen.
An der Südfassade werden 17 000 Blenden je nach Lichteinfall automatisch gesteuert. Sie symbolisieren die traditionellen Holzgitter, die in arabischen Häusern das Sonnenlicht brechen.

Ihr Anblick versetzt den Flaneur unverhofft in eine andere Welt: Im spanisch-maurischen Stil bildet die große Moschee das Zentrum islamischer Kultur in Paris. Neben dem Gebetssaal gehören unter anderem eine Bibliothek, ein Teesalon und natürlich ein Hammam zum Ensemble, das 1922 von französischen Architekten erbaut wurde.

Rechte Seite:
Von den Türmen Notre-Dames erblickt man einen kleinen Platz, der, von mittelalterlichen Häusern flankiert, anmutet wie der Blick in eine andere Zeit. Die kleine Kirche Saint-Julien-le-Pauvre am grünen Square Viviani liegt im Windschatten der berühmten Kathedrale.

Seite 48/49:

In und um das Rokoko-palais Hôtel Biron finden sich die Hauptwerke von Auguste Rodin, die er dem Staat vermachte. Bereits zwei Jahre nach seinem Tod im Jahr 1917 wurde das Museum eröffnet. Skulpturen wie „Die Bürger von Calais", „Der Denker" oder „Das Höllentor" lassen durch ihre Intensität bis heute keinen Betrachter unberührt.

Paris streckt seine Finger hinaus in die Vorstädte. Das moderne Finale der historischen Achse durch die Stadt liegt, wenn auch leicht dezentriert, weit vor den Grenzen der Metropole. Die futuristische Grande Arche de La Défense wurde zur 200-Jahr-Feier der Revolution eingeweiht. In ihren Bogen könnte man Notre-Dame samt Türme hineinstellen.

Mehr als 100 000 Menschen arbeiten in La Défense im Pariser Westen, aber nur ein kleiner Bruchteil von ihnen lebt dort auch. Nur zu gerne vergessen die Planer der schönen neuen Welt, dass sich „Seele" auch aus den edelsten Baumaterialien und mit Hilfe der kühnsten Entwürfe nicht konstruieren lässt.

Die neue National-
bibliothek, außerhalb des
eigentlichen Zentrums im
13. Arrondissement gele-
gen, bildet das Vermächtnis
von François Mitterand.
Auf einem Areal von
7,2 Hektar stehen vier
Hochhäuser, symbolisch
wie aufgeschlagene Bücher.
Jeder der Türme trägt
einen eigenen Namen:
Turm der Gesetze, Turm
der Zeit, Turm der
Buchstaben und Turm der
Zahlen. Zwischen ihnen
erstreckt sich auf etwas
mehr als einem Hektar
Land ein kleiner Wald.

Die „weinenden Türme"
von Nanterre – ihre
Fenster wirken wie
Tränen – sind nur der
Vorhof zu dem, was einen
in manchen Ecken der
Pariser Vorstädte, der
Banlieues, erwartet.
Fehlende Infrastruktur in
Verbindung mit ausufern-
der Arbeitslosigkeit und
Ghettoisierung kombiniert
mit tödlicher Langeweile
führt dort zu Resignation,
Rassismus und Gewalt.

RIVE DROITE – ZWISCHEN MONTMARTRE UND BELLEVILLE

Nougaro und Brassens begannen hier ihre Karrieren und Picasso bezahlte einmal mit einem Bild: das Cabaret Lapin Agile am Hügel von Paris bietet noch immer sechs Tage die Woche ein authentisches Programm. Einige Schritte die Kopfsteinpflastergassen von Montmartre hinauf, blickt man von der Freitreppe vor Sacré-Cœur über das Häusermeer der Stadt.

Dort unten zementierte Napoleon mit dem Arc de Triomphe seinen Hang zur Größe. Zwölf Straßen streben von der Etoile wie die Strahlen eines Sterns in alle Himmelsrichtungen. Und vom Triumphbogen verläuft die historische Achse über die angeschlagene Pracht der Champs-Elysées, die mächtige Anlage der Place de la Concorde und die grüne Lunge der Tuilerien zum Louvre. Mitterand hat das bedeutendste Museum des Landes von 30 000 auf 60 000 Quadratmeter vergrößern lassen.

Im edlen Marais, um die Rue des Rosiers, betritt man das jüdische Viertel. Die Bäckereien verkaufen Beigels und Platzels und Gedenkplaketten memorieren düstere Tage. Viel Erinnerung prägt auch die Place de la Bastille. Doch statt stürmender Revolutionäre kreist heute der Verkehr und vom mächtigen Kerker blieb nicht ein Stein. Dafür ragt die neue Oper, eher monumental als elegant, jenseits der Julisäule in den Himmel.

Noch tiefer im Osten, draußen im 20. Arrondissement und nicht fern von Belleville, wo die Stadt lebt und vibriert, herrscht auch die große Ruhe. Auf Père Lachaise, dem weitläufigsten Friedhof der Metropole, liegen viele, die von Paris geprägt wurden und es bereichert haben – von Frédéric Chopin bis Jim Morrison, von Pascale Ogier bis Oscar Wilde.

Es ist ein Ort voll Würde, ein stilles Gedächtnis der Stadt.

Oben:
Im Port de Plaisance de
Paris-Arsenal zwischen
der Place de la Bastille
und der Seine dümpeln die
Boote. Nicht wenige haben
die stationäre Immobilie
gegen eine Peniche
getauscht und wohnen auf
dem Wasser – was nicht
zwangsläufig preiswerter
ist, denn auch die Liege-
plätze werden für ein
stattliches Geld vermietet.

Links:
Er ist das bedeutendste
Museum des Landes:
der Louvre. Was vor
Jahrhunderten als
Festungsanlage begann,
erhielt seinen letzten
Schliff unter François
Mitterand. Der gliederte
kurz entschlossen das
Finanzministerium nach
Bercy aus und verdoppelte
die Museumsfläche von
30 000 auf 60 000 Qua-
dratmeter.

Als der Triumphbogen
1806 nach der für
Napoleon glorreichen
Schlacht von Austerlitz
errichtet werden sollte,
ahnte niemand, dass seine
Fertigstellung bis zum Jahr
1836 auf sich warten lassen
würde. Gerade einmal
vier Jahre später führte
der Leichenzug des Kaisers
durch die vier mächtigen
Beine des Arc de Triomphe.

Wer durch die Unter-
führung gestiegen und den
Arc de Triomphe erklom-
men hat, wird durch einen
weiten Blick belohnt.
Zwölf Straßen teilen das
umliegende Häusermeer.
Direkt um den Triumph-
bogen kreist ein aber-
witziger Verkehr auf einer
undefinierbaren Anzahl
an Spuren.

Zwischen den Beinen des Arc de Triomphe findet der Interessierte die Orte der napoleonischen Siege nebst einem Verzeichnis von 660 Generälen und Offizieren.

Jedes Bein des Triumphbogens ziert auf der Außenseite ein eigenständiges Relief. Dem Auszug der Freiwilligen von 1792 (der Marseillaise), dem Triumph von 1810, dem Widerstand von 1814 und dem Frieden von 1815 wurde je ein steinernes Denkmal gesetzt.

55

Meist toben hier Gefährte
aller Art auf zahllosen
Spuren. Doch am 14. Juli,
am Nationalfeiertag, wer-
den die Champs-Elysées
für den allgemeinen Ver-
kehr gesperrt. Marsch-
musik erklingt, Legionäre
marschieren mit frisch
polierten Schuhen im
Gleichschritt und Panzer
rollen über die elysischen
Felder: die Grande
Nation feiert sich selbst
und Tausende von
Zuschauer sind dabei.

„Oh, Champs-Elysées" – zahllose Flaneure pfeifen und summen den Refrain von Joe Dassins Chanson. Die „schönste Avenue der Welt" entlangzuschlendern bleibt solange ein preiswertes Vergnügen, wie man nicht in einem der vielen flankierenden Luxustempel dem Konsumrausch erliegt oder sich vor Fouquet's, dem letzten der großen alten Cafés eine Pause gönnt. Doch auch die Champs-Elysées wurden mittlerweile eingeholt von der Uniformität der Großstädte unserer Tage und so riecht auch hier die Welt mancherorts nach Hamburgern und die Schaufenster wirken wie Klone aus London oder Berlin.

Seite 58/59:
Im 4. Arrondissement, nur einen Katzensprung von der Seine entfernt, liegt das Hauptrathaus von Paris. Noch im 12. und 13. Jahrhundert fand sich an gleicher Stelle ein Hafen, der Port de la Grève. Nach der Revolution sah der Vorplatz zahllose Hinrichtungen. Das heutige Hôtel de Ville wurde zwischen 1874 und 1882 im Neorenaissance-Stil erbaut.

57

Ihre Vorbilder stehen auf dem Petersplatz in Rom: zwei Brunnen zieren eine der größten Platzanlagen Europas – die Place de la Concorde zwischen Champs-Elysées und Tuilerien. Dass sich hier einst Sumpfland ausbreitete, wirkt in unseren Tagen wie eine schlecht erfundene Fabel.

Er kam mit einem eigens konstruierten Lastkahn und zum Aufrichten wurden 250 Soldaten nebst einer speziellen, komplizierten Vorrichtung benötigt. Seither ruht der Obelisk aus Luxor auf einem Sockel aus bretonischem Granit und schmückt die Place de la Concorde.

Um die Place de la Madeleine reihen sich die Feinkostläden. Im Keller der Weinhandlung Nicolas hat man alles zusammengetragen, was sich mit Rang und Namen schmückt. Ob Le Pin oder Petrus, dort liegen die kostbaren Flaschen wohltemperiert in den Regalen. Die besonders exquisiten sind mit kleinen Vorhängeschlössern gesichert.

„Alle Blumen sind echt" verrät ein kleiner Zettel in der gläsernen Eingangstür. Und wäre da nicht der Duft, würde man es selbst aus der Nähe kaum glauben. Lachaume an der Rue Royale ist die richtige Adresse für den Blumenkauf kurz vor dem Rendezvous bei Maxim's, schräg gegenüber auf der anderen Straßenseite.

Schon Marcel Proust drehte hier einst seine Runden auf der „Suche nach der verlorenen Zeit" und bereits im 13. Jahrhundert befand sich an gleicher Stelle eine Grünanlage. Der Parc Monceau im vornehmen 8. Arrondissement zeigt sich als stilvolle Oase, die den Trubel der Millionenstadt für eine Weile vergessen lässt.

Wer Rang und Namen hat im Land des Luxus säumt mit seinem Schaufenster die klassizistische, achteckige Place Vendôme. Die Preise an den Auslagen wurden aber vorsichtshalber vergessen. – Die Säule in ihrer Mitte führte auf Geheiß Napoleons österreichische und russische Kanonen einer neuen Bestimmung zu.

Wo soll man anfangen, wo aufhören: das berühmteste Museum des Landes lässt sich mit Worten kaum fassen. Alleine die Steinarbeiten an der Fassade des Louvre beschäftigen den Interessierten eine erkleckliche Weile und so ist es ratsam von einem Kurzbesuch des Museums lieber Abstand zu nehmen.

Wer auch immer es vermessen hat: die beiden entferntesten Exponate im Louvre sollen 1,8 Kilometer auseinander liegen. Dazwischen finden sich Werke aus sechs Jahrtausenden und vielerlei Kulturen. Aus ehemaligen Parkplätzen des unter Protest ausgelagerten Finanzministeriums entstanden glasüberdachte Innenhöfe, welche den Skulpturen viel natürliches Licht geben.

Seite 64/65:
Im Rahmen der „Grands Travaux", der großen Umbaumaßnahmen, verdoppelte Mitterand die Fläche des Louvre und im Innenhof errichtete der sino-amerikanische Architekt Ieoh Ming Pei eine 22 Meter hohe Glaspyramide. Während der blauen Stunden vermischt sich neu und alt in beeindruckender Harmonie.

63

Der Eingang an der Rue Montmartre lässt sich leicht übersehen, aber mittags stehen die Gäste manchmal bis auf die Straße hinaus Schlange. Das Chartier gilt als die letzte Volksküche von Paris. 350 Plätze warten auf Hungrige und sind nicht selten mehrmals täglich besetzt. Noch ist nichts „totrenoviert" und man kann nur hoffen, dass es noch lange so bleibt.

Wie eine Insel thront die Eglise de la Madeleine im Zentrum des gleichnamigen Platzes. Außen herum hat sich der Wohlgeschmack niedergelassen. Feinkostgeschäfte mit schmucken Fassaden säumen die Bürgersteige und locken mit Pralinés, edlen Tropfen oder Trüffeln.

Rechte Seite:
Statt auf die Bühne schaut man hinunter auf die Parfümerieabteilung. Die Ränge im Edelkaufhaus Galeries Lafayette vermitteln großes Theater und so kommen täglich Tausende. Sie staunen, kaufen und blicken ehrfürchtig hinauf zur Jugendstil-Glaskuppel, welche besagte Parfümerieabteilung in 73 Metern Höhe überspannt.

Der junge, unbekannte Architekt Charles Garnier gewann die Ausschreibung gegen 170 Mitbewerber. 1875 wurde die Opéra Garnier nach seinen Plänen fertiggestellt. Unter dem Gebäude liegt ein See, der Gaston Leroux 1910 zu seinem „Phantom der Oper" inspirierte.

Das Grand Foyer mit seinen warmen, goldenen Tönen zeigt sich als prunkvollster Raum der Opéra Garnier. Korinthische Säulenpaare geben dem Saal eine architektonische Gliederung.

2130 Besucher finden im Großen Saal der Opéra Garnier Platz. Sie werden überragt von einem 220 Quadratmeter messenden Deckengemälde, mit dem Marc Chagall 1964 das ursprüngliche Bildnis übermalte. Heute ist die Opéra Garnier Ballettaufführungen vorbehalten. Der sonstige Spielbetrieb wurde in die neue Opéra Bastille verlagert.

Das Große Treppenhaus zeigt sich als weiteres architektonisches Prunkstück der Opéra Garnier. Die zunächst 10 Meter breite Treppe mit Stufen aus weißem Marmor und einer Balustrade aus algerischem Onyx teilt sich auf ihrem Weg in die erste Etage.

Im 19. Jahrhundert entstanden in Paris etwa 130 Passagen. Die meisten haben schon lange wieder geschlossen, aber in der Passage des Panoramas am Boulevard Montmartre geht es noch lebendig zu. Das Geschäft des Graveurs Stern blieb seit 1840 weitgehend unverändert.

Alleine die vielen ungewöhnlichen Fachgeschäfte lohnen den Ausflug in die Welt der Passagen. Capia in der Passage Véro-Dodat hat sich seit langen Jahren allen Arten von Puppen verschrieben.

In der Passage Jouffroy
betreiben die Brüder Segas
ein Fachgeschäft für antike
Spazierstöcke. Über
600 Exponate sind zu
bewundern und natürlich
auch käuflich zu erwerben.
Wer schon immer einmal
davon geträumt hat, mit
Johannes Paul II. spazie-
ren zu gehen, wird dort
ebenfalls fündig.

In einem Durchgang am
Palais-Royal liegt ein
weiteres liebenswürdiges
Fachgeschäft, das der
Uniformität der Städte in
unseren Tagen trotzt: die
winzige Boîtes à Musique
verkauft Spieluhren in
allen Größen und ein
buntes Spektrum an
Melodien quer durch die
Jahrhunderte steht zur
Auswahl.

Linke Seite:
Vor der Revolution zogen die Arkaden am Palais-Royal mit ihren Kneipen und Spielhöllen die Halbwelt an. Der Ort hatte einen ausgesprochen mäßigen Ruf. Heute spielen im friedlichen Jardin die Kinder und vom nervösen Rhythmus der Großstadt ist nichts zu spüren.

Vor dem ehemaligen Palast des Kardinals Richelieu, dem Palais-Cardinal, das nach seinem Tode zum Palais-Royal wurde, stehen seit 1986 die gestreiften Säulen von Daniel Buren als Environment inmitten einer historischen Stätte. Was zunächst zu kontroversen Diskussionen führte, dient heute im simpelsten Fall als Sitzgelegenheit.

Noch immer passiert der ein oder andere Kahn die geschwungenen Fußgängerbrücken über den alten Kanal Saint-Martin und filminteressierte Fußgänger schlendern im Schatten der ausladenden Laubbäume hinüber zum Hôtel du Nord, dem Marcel Carné in seinem gleichnamigen Klassiker ein Denkmal gesetzt hat.

Seite 74/75:
Seit 1825 bildet der Canal Saint-Martin zusammen mit dem Canal de l'Ourcq und Canal Saint-Denis eine Abkürzung zur großen Schleife der Seine durch das Zentrum von Paris. Zeitweise diente er sogar der Trinkwasserversorgung. Heute sitzen an seinen Ufern die Angler.

73

Manch einer ruft ihn den „umgedrehten Kühlschrank von Paris" und mit all seinen nach außen gelegten und bunt bemalten Versorgungsrohren birgt der Vergleich ein Körnchen Wahrheit. Das Kulturzentrum Centre Pompidou wurde 1977 eröffnet und avancierte in der Folge zum meistbesuchten Monument der Stadt – noch vor dem Eiffelturm.

Nicht nur die Versorgung und die tragenden Stützen sondern auch die Beförderung der Besucher von Bibliothek und Ausstellungen des Centre Pompidou wurde von den Architekten Renzo Piano und Richard Rogers nach außen verlegt. Den Besucher freut es: von den transparent ummantelten Rolltreppen reicht der Blick weit über die Stadt.

Sie sind unverwechselbar:
die farbenfrohen und teils
drallen Figuren der Niki
de Saint Phalle. Zusam-
men mit den bewegten
Installationen von Jean
Tinguely verwandeln sie
den am Centre Pompidou
gelegenen Strawinsky-
Brunnen in ein wasser-
speiendes, lebendiges
Gesamtkunstwerk, um
das sich Jung und Alt
staunend tummeln.

Die quadratische Place
des Vosges im Marais wird
flankiert von 38 edlen
Pavillons. In der Nummer 6
lebte zwischen 1832 und
1848 Victor Hugo in der
zweiten Etage. Hier
schrieb er unter anderem
Lucrezia Borgia und Maria
Tudor. Das Appartement
wurde später zum Museum,
in dem es neben selbst-
gebauten Möbeln auch
Porträts, Manuskripte
und vierhundert Zeichnun-
gen des bekanntesten
französischen Dichters zu
sehen gibt.

In Montmartre, auf halber
Höhe des Hügels von
Paris, liegt ein kleines
Häuschen, das 1860 zum
ersten Mal als Cabaret in
Erscheinung trat. Im
Lapin Agile versammelte
sich einst die Bohème des
Quartiers und noch immer
wird in diesem kleinen
Raum voll Patina sechs
Tage die Woche ein tolles
musikalisches Programm
geboten.

Im 11. Arrondissement,
in der Rue Crespin-du-
Gast, erinnert ein kleines
Privatmuseum an den
„Spatz von Paris". Neben
Edith Piafs berühmtem
kleinen Schwarzen sind
dort viele weitere Devotio-
nalien zusammengetragen.

Seite 80/81:
Der Train Bleu, der blaue
Zug, befindet sich unver-
rückbar im Gare de Lyon.
Das schönste Bahnhofs-
restaurant der Welt glänzt
mit Gold, Stuck, Kron-
leuchtern und gehobenen
Preisen auf der Speise-
karte. Wer sie nicht
bezahlen kann oder will,
schaut einfach auf einen
Café vorbei und goutiert
die erlesene Atmosphäre.

79

Wo sich heute mit dem Marais eines der edelsten Viertel der Stadt erstreckt, lagen einst ausgedehnte Sümpfe. Das Hôtel de Sens stammt noch aus dem Mittelalter. Das restaurierte Herrenhaus beherbergt heute eine Kunstbibliothek.

Rechte Seite:
Hier wurde Geschichte geschrieben: an der Place de la Bastille lag einst der berüchtigte gleichnamige Kerker. Am 14. Juli 1789 kam es zum berühmten „Sturm auf die Bastille". Die französische Revolution nahm ihren Lauf. Seitdem ist viel Wasser die Seine hinuntergeflossen. In der Mitte des weitläufigen Platzes schaut das Genie der Freiheit von der Julisäule auf das Verkehrsgetümmel unserer Tage.

Die Rue Sainte-Antoine durchzieht als lebendige Hauptachse das Marais. In den Nebengassen liegen charmante Restaurants und Bistros aller Art. Aber durch die exorbitant gestiegenen Preise nach der Renovierung des Viertels blieb vielen angestammten Bewohnern nichts als umzuziehen und so ist von der angestammten Infrastruktur nur wenig geblieben.

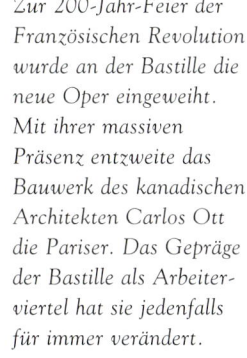

Linke Seite:
Bei der Entstehung der Place des Vosges wurde zum ersten Mal in der Pariser Stadtbaugeschichte nach einem Bebauungsplan vorgegangen. 1612 weihte Ludwig XIII. ihn anlässlich seiner Hochzeit mit einem dreitägigen Fest ein. Seinen Namen Place des Vosges erhielt er nach dem Department, das nach der Revolution als erstes seine Steuern bezahlte.

Auch Bahnhöfe können schön sein: der Gare de Lyon wurde für die Weltausstellung 1900 von der Compagnie Paris-Lyon-Mediterrannée erbaut und schon bald nach seiner Eröffnung fuhren von hier reiche Engländer mit dem Train Bleu ans Mittelmeer.

Zur 200-Jahr-Feier der Französischen Revolution wurde an der Bastille die neue Oper eingeweiht. Mit ihrer massiven Präsenz entzweite das Bauwerk des kanadischen Architekten Carlos Ott die Pariser. Das Gepräge der Bastille als Arbeiterviertel hat sie jedenfalls für immer verändert.

Seite 86/87:
Sacré-Cœur krönt die „Butte", den Hügel von Paris. Davor, auf der Freitreppe, versammeln sich die „Schaulustigen" zum Weitblicken über die Dächer von Montmartre und der restlichen Stadt. Bei Regen sondert die Basilika eine weiße Substanz, den sogenannten Kesselstein, ab und wird noch ein bisschen weißer.

Von der Rotonde de la
Villette reicht der Blick
weit über das Bassin de
la Villette. Von hier aus
kann man mit dem Schiff
oder zu Fuß die weitläufige
Anlage des Parc de la
Villette mit ihren Museen
und Konzerthallen errei-
chen.

Im Zuge seiner „Grands
Travaux" ließ Mitterand
auch den einstigen Rinder-
markt auf dem ehemaligen
Schlachthofgelände von
La Villette umbauen.
So entstand die Grande
Halle, die als Kultur- und
Veranstaltungszentrum das
Pariser Leben bereichert.

Nur wenige Besucher verirren sich in das 19. und 20. Arrondissement. Doch im Osten der Stadt findet sich noch viel authentisches Leben. Unter dem Parc Belleville liegt die Stadt in einer weiten Geste vor dem Betrachter ausgestreut und gegen Abend beginnen all die architektonischen Berühmtheiten dort unten sachte zu leuchten.

Das neue Finanzministerium in Bercy nahm die Beamten auf, die widerwillig der Erweiterung des Louvre weichen mussten. Mitterand verlagerte sie kurzerhand aus dem Zentrum an die Peripherie. Wie eine gewaltige Barriere zieht sich das Gebäude vom Ufer der Seine ins Land. Unter den zwei Säulen, mit denen es im Wasser steht, wartet das Boot des Ministers auf „Ausflüge" zur Assemblée Nationale.

REGISTER

MONTMARTRE

★ Sacre Cœur

Rue des Batignolles

Bd. de Clichy

Bd. d. Rochechouart

Boulevard de la Chapelle

Av. de Flandre

Avenue Jean Jaurès

Rue Petit

Gare
du Nord ★

Rue La Fayette

Rue d. Fbg. St. Martin

Bd. de la Villette

Parc
des Buttes
Chaumont

Rue Manin

Rue de Crimée

Gare
St-Lazare ★

Rue de Londres

Rue de Châteaudun

Rue La Fayette

Boulevard de Magenta

Gare de l'Est ★

Bd. de la Villette

BELLEVILLE

Av. Mathurin
Moreau

Bd. Haussmann

Opéra ★

Bd. des Italiens

Avenue de l'Opéra

Bourse ★

Rue Réaumur

Bd. de Bonne
Nouvelle

Bd. St-Martin

Place de
la République

Rue du Faubourg du Temple

Av. Parmentier

Avenue de la République

Rue de Belleville

Bd. de Belleville

Rue des Pyrénées

Rue de Ménilmontant

Bd. de Ménilmontant

Av. Gambetta

Ste-Marie
Madeleine ★

Rue Royale

Place de
la Concorde

Jardin des
Tuileries

Rue de Rivoli

Rue Etienne Marcel

Palais ★
Royal

Rue du Louvre

Boulevard de Sébastopol

Rue de Turbigo

Rue du Temple

R. St-Martin

Bd. du Temple

Bd. Voltaire

MARAIS

Rue du Chemin Vert

Friedhof
von Père
Lachaise

Quai des Tuileries

Seine

Quai Anatole France

Rue de l'Université

Musée ★
du Louvre

Rue de Rivoli

Musée ★
Picasso

Bd. Beaumarchais

Bd. Richard Lenoir

Rue de la Roquette

Boulevard Voltaire

Av. Philippe Auguste

Bd. de
Charonne

Bd. Saint Germain

St. Germain
des Prés ★

Sainte- ★
Chapelle

Bd. du Palais

Île de la Cité

Quai d.
l'Hôtel de Ville

Rue de Rivoli

Hôtel de Ville ★

Place de
la Bastille

Av. Ledru Rollin

Rue de la Roquette

GERMAIN
PRÉS

Bd. Saint Germain

Notre Dame ★

Quai de la Tournelle

Pont de Sully

Bd. Bourdon

Bd. de la Bastille

Opéra ★
Bastille

Rue de Faubourg St. Antoine

Rue de Montreuil

QUARTIER
LATIN

Bd. Raspail

Rue de Vaugirard

Palais du ★
Luxembourg

Jardin du
Luxembourg

Boulevard Saint Michel

Rue Saint Jacques

Panthéon ★

Rue Monge

Musée National ★
d'Histoire Naturelle

Jardin des
Plantes

Quai Saint Bernard

Quai de la Rapée

Gare ★
de Lyon

Avenue Daumesnil

BERCY

Boulevard Diderot

Rue de Reuilly

Bd. du Montparnasse

Avenue du Maine

Friedhof
Mont-
parnasse

Bd. Raspail

Av. Général
Leclere

Bd. de Port Royal

Bd. de Saint Marcel

Bd. de l'Hôpital

Av. d.
Gobelins

Rue Monge

Gare ★
d'Austerlitz

Quai d'Austerlitz

Seine

Bd. Vincent
Auriol

Quai de Bercy

Palais ★
Omnisports

Bd. de
Reuilly

Boulevard Arago

„Paris ist keine Stadt, sondern eine Welt, wenigstens hat man nirgends so viel auf einmal von der Welt beisammen wie hier", hat einst Christian Friedrich Hebbel notiert. Dem bleibt am Ende eines Buches und vor der nächsten Parisreise nichts hinzuzufügen.

Umschlag vorne:
Oben:
Wer Paris mit dem unverwüstlichen Klischee „Stadt der Liebe" versieht, mag an solche Orte denken: die Westspitze der Ile de la Cité, der Square du Vert-Galant, teilt wie ein Schiffsbug die Seine. Unter den Weiden versammelt sich ein buntes Völkchen – Liebespaare inklusive.

Unten:
Vom Tour Montparnasse, dem zweithöchsten Gebäude der Stadt, reicht der Blick über das abendliche Paris bis weit in die westlichen Vorstädte. Eiffelturm, Invalidendom und Arc de Triomphe setzen unübersehbare Akzente. Die Aussicht von der Dachterrasse des 59-stöckigen Bürohochhauses bietet einen weiteren Vorteil: der wenig adrette Tour selbst ist nicht zu sehen.

Umschlag hinten:
Mit der Pont des Arts entstand die erste Pariser Eisenbrücke. In sieben Bögen überspannt diese 155 Meter lange Konstruktion die Seine. Sie ist eine Passerelle, eine reine Fußgängerbrücke, und bis 1848 musste für die Überquerung Zoll gezahlt werden.

IMPRESSUM

Buchgestaltung
hoyerdesign grafik gmbh, Freiburg

Karte
Fischer Kartografie, Aichach

Alle Rechte vorbehalten

Printed in Germany
Repro: Artilitho, Trento-Lavis, Italien
Druckerei Ernst Uhl GmbH & Co. KG,
Radolfzell am Bodensee
© 2007 Verlagshaus Würzburg GmbH & Co. KG
© Fotos: Hartmut Krinitz
© Texte: Hartmut Krinitz

ISBN 978-3-88189-688-7

Unser gesamtes Programm finden Sie unter:
www.verlagshaus.com